CERCLE RÉPUBLICAIN DE CHAUNY

HENRI MARTIN

SOUVENIRS INTIMES

CONFÉRENCE PAR M. ALFRED MULOT

PARIS
IMPRIMERIE ET LIBRAIRIE CENTRALES DES CHEMINS DE FER
IMPRIMERIE CHAIX
SOCIÉTÉ ANONYME AU CAPITAL DE SIX MILLIONS
Rue Bergère, 20
[illegible]

CERCLE RÉPUBLICAIN DE CHAUNY

HENRI MARTIN

SOUVENIRS INTIMES

CONFÉRENCE PAR M. ALFRED MULOT

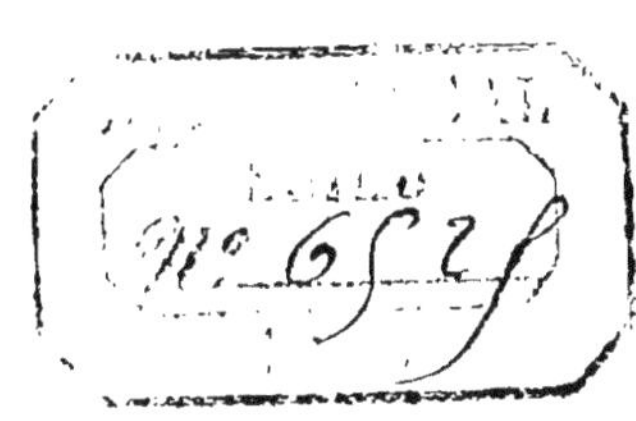

PARIS
IMPRIMERIE ET LIBRAIRIE CENTRALES DES CHEMINS DE FER
IMPRIMERIE CHAIX
SOCIÉTÉ ANONYME AU CAPITAL DE SIX MILLIONS
Rue Bergère, 20
1885

LE BANQUET

DU

CERCLE RÉPUBLICAIN DE CHAUNY

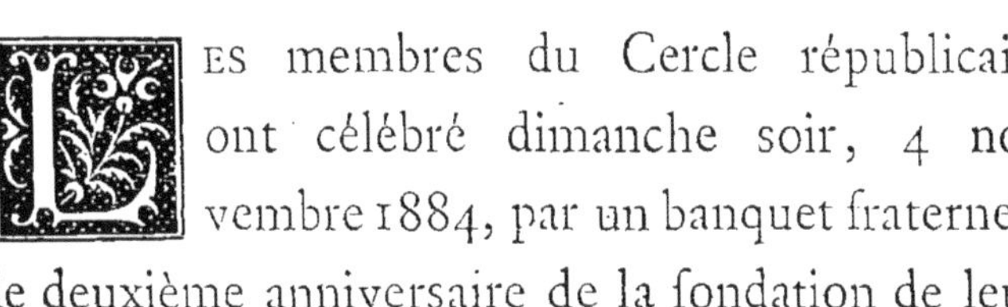

LES membres du Cercle républicain ont célébré dimanche soir, 4 novembre 1884, par un banquet fraternel, le deuxième anniversaire de la fondation de leur Cercle. Plus de soixante-dix convives, réunis dans la grande salle du Cercle, ont fêté ce jour où leur Société fut tenue sur les fonts baptismaux de la démocratie par notre regretté et toujours cher Henri Martin, le premier sénateur de France, et par M. Fouquet, notre sympathique autant que dévoué représentant.

Tous deux nous ont manqué avant-hier. L'un, hélas ! parce qu'il est « parti, comme disait Villon, pour le pays d'où ne revint point feu mon père » ; l'autre, parce qu'il s'était lié par des engagements antérieurs. Ils nous ont manqué ; tous, nous avons déploré leur absence, mais tous aussi nous avons gardé les souvenirs des bonnes paroles avec lesquelles ils ont annoncé au monde de la démocratie la bonne nouvelle, la fédération des républicains chaunois.

Ce souvenir même les replaçait par la pensée au milieu de nous : c'étaient toujours eux qui présidaient, c'étaient toujours eux qui étaient assis à la place d'honneur, car c'est d'Henri Martin qu'il a été question dans la causerie faite par M. Alfred Mulot, et les membres du Cercle ne séparent point le sénateur du député.

Nos lecteurs trouveront plus loin cette intéressante étude sur Henri Martin, homme d'intérieur, tel que l'a connu dans l'intimité celui qui avait pris à tâche de le faire revivre parmi nous.

M. Chevalier, président du Cercle, a remercié notre excellent ami de nous avoir fait mieux connaître ce cher et honnête grand homme qui fut Henri Martin. Il a déploré l'absence de M. Fouquet; dans ses remerciements comme dans ses regrets, M. Chevalier a été notre interprète à tous, nos bravos le lui ont prouvé.

A. B.

(Extrait de La Défense Nationale.)

AU DOCTEUR

CHARLES-HENRI MARTIN

Témoignage d'une fraternelle amitié.

ALFRED MULOT.

HENRI MARTIN

SOUVENIRS INTIMES

PREMIÈRE PARTIE

Henri Martin, présidant le banquet du Cercle républicain de Chauny.

Sa naissance. — Le mémorial de famille. — Au collège. — Le professeur Maupérin.— L'oncle Desains et son étude.

Henri Martin à Paris. — Son accueil chez le bibliophile Jacob, M. Paul Lacroix. — Paris. — Le salon de la rue d'Enfer. — Henri Martin entreprend l'histoire de France.

1848.— Son cours d'histoire à la Sorbonne.— Projet de réforme de l'instruction publique.— Résistance au coup d'Etat.

Si vous tenez à vos illusions, restez dans le théâtre sans en franchir la rampe, » nous répétait le sculpteur Préault, un des plus justes et des plus acerbes critiques.

Des moralistes m'avaient dépeint les travers de nos hommes illustres, leur orgueil, l'étroitesse de leur amour-propre, leur dénigrement de tout ce qui n'était pas eux, leur avarice dans le ménage, leur faste à l'extérieur, la contradiction entre leur philanthropie retentissante et le sec abandon où mouraient les naïfs, qui sacrifiaient à leur maître ce qu'ils avaient de force et d'érudition.

Des médiocrités rageuses m'ont révélé les défaillances des grands cœurs, sans tenir compte de l'épuisement de la lutte, de la détresse qui les a étreints, jusqu'à ce qu'ait sonné l'heure tardive du triomphe.

Qu'importent ces imperfections? Laissons au temps le soin d'effacer ces taches, d'éteindre les célébrités surfaites, pour ne laisser subsister que les vraies splendeurs.

En dehors de ces difformités, il y a par exception des existences qui, de l'origine à la mort, gardent leur parfaite unité.

C'est une de ces rares individualités que vous avez acclamée ici, quand, en septembre 1882, vint s'asseoir à notre banquet d'inauguration du Cercle républicain de Chauny, ce lutteur de la démocratie, qui fut notre compatriote, Henri Martin.

A ses manières simples, primitives, à la

sincérité de sa parole, à la cordialité de son accueil, qui eût deviné — (sans la renommée qui le précédait) — que sa modeste personne cachait un des esprits les plus vastes, un des caractères les plus chevaleresques, survivant à notre troisième invasion ?

Pour vous électriser et faire passer en vous son indomptable espérance, il n'eut qu'à développer les conceptions gouvernementales, les plans de politique étrangère, de ce Gambetta qu'il aimait, comme il aimait avec passion ceux, de tous les âges et de tous les lieux, en qui il retrouvait la flamme patriotique.

Il nous retraça, vous l'entendez encore, la situation précaire de l'Europe, l'équilibre rompu par notre démembrement, et, au milieu des inquiétudes des États, la renaissance de la nation mutilée, la reprise de son rôle pacifique et pondérateur.

Causerie toute familière, qu'il résuma avec la perspicacité d'un voyant. C'est qu'ayant traversé les siècles, nul ne pouvait mieux que lui entrevoir la route de l'avenir ; il nous adjura de nous y acheminer virilement, assurant le succès, par la seule union des républicains !

D'éminents critiques ont révélé sa prodigieuse carrière d'écrivain, ses investigations préhistoriques d'après les débris mégalithiques, que son culte des aïeux sauvait d'une destruction complète. Ils ont retracé sa dévorante ardeur à rassembler les éléments avec lesquels il devait élever à la gloire de son pays ce gigantesque monument d'histoire, auquel il consacra toute sa vie.

Dans ses dernières années, s'il courait en Bretagne acheter et consolider les sanctuaires et les nécropoles druidiques, il n'en poursuivait pas moins l'éducation des masses populaires par le récit de nos annales sacrées. Il mourut en achevant cette œuvre de prédilection, qu'il légua à tous comme le meilleur guide de nos devoirs envers la Patrie.

S'il voyageait à l'étranger, c'était pour en retrouver les apports de l'antiquité au génie français. Il n'a pu interroger l'Égypte, ce foyer des civilisations ; — l'occupation anglaise l'arrêta.

Sa tâche remplie, il visait de plus à faciliter celle de ses futurs continuateurs, en veillant à la conservation des manuscrits, des pièces diplomatiques, enfouis dans le chaos de nos archives; il les faisait classer, cataloguer, pour empêcher désormais ces soustractions commises par les gouvernements compromis.

Mon rôle au milieu de vous doit rester plus modeste; élevé dans l'intimité du maître, j'essaierai de le peindre tout simplement chez lui : père de famille, ouvrier, homme d'action.

Vous apprécierez le cours de sa vie domestique dans le cadre de ses labeurs, de ses recherches, de ses articles quotidiens, de ses sages avertissements à ceux qui dirigeaient nos destinées. Ses loisirs, dans cette incessante activité, il les consacre aux siens, à ses intimes, aux savants étrangers attirés vers lui. — C'est dans ses entretiens familiers qu'il répand un charme indéfinissable, par la limpidité du récit, autant que par l'étonnante variété de ses connaissances.

Vous verrez que si l'historien a voulu asseoir son œuvre sur nos origines, afin de mieux déduire les tendances de l'esprit français, l'homme, — du berceau à la tombe, — a suivi la ligne inflexible du devoir, sans faillir, ni dévier.

Son berceau, il est près de nous, à Saint-

Quentin, cité laborieuse dans ses industries, vaillante avec Faidherbe et de La Forge dans sa résistance aux Prussiens.

Il naquit au Petit-Thorigny d'une famille issue de générations de puritains. Déjà, le grand-père d'Henri Martin avait fait preuve d'érudition par une compilation d'ouvrages de son temps, pieusement recueillis dans la bibliothèque du petit-fils. — Le père, magistrat rigide, s'était acquis dans la contrée une réputation légendaire d'impartialité et de bienfaisance.

C'est dans le foyer austère et charitable, de la rue des Canonniers, que grandirent Henri et sa sœur Sophie : le premier, gardant de ses aïeux la mâle intelligence ; la seconde, la mansuétude chrétienne.

Ainsi se perpétuait dans la lignée, cette devise : Amour de Dieu et du prochain, fidélité au roi.

On s'y transmettait en outre un précieux trésor, sorte de mémorial de famille, où chaque nouveau-né laissait, suivant ses aptitudes, la trace de ses premières sensations. L'âme à peine éclose y transcrivait à sa guise, en crayonnages, en enluminures, en notes, ses réminiscences, ses impulsions, ses surprises. C'est à ce passe-temps qu'un prélat romain, dont la finesse tenait du prodige, surprit le garçon qui devait être un jour l'un des purs fondateurs de la République. Étendu sur le sol, il s'acharnait à peindre des canonniers.

Émerveillé de sa précocité, de son réalisme à reproduire des types militaires, l'évêque l'enleva dans ses bras et l'embrassa :

— Mon bambino, travaille et tu deviendras peintre !

Sur la carrière, Monseigneur se trompait. Par la vivacité de ses impressions, la netteté de son style, Henri Martin devait rester artiste; mais le peintre annoncé ne viendrait qu'après lui : c'était son fils Léon, si poétique dans ses compositions, dont la mort brisa prématurément le pinceau inspiré.

Le pronostic de la destinée du grand historien devait être irrévocablement porté par son vieux professeur du lycée de Saint-Quentin, M. Maupérin.

Dès les classes élémentaires, l'écolier se distinguait par la continuité de son travail, par sa facilité d'assimilation. Sa curiosité ne se trouvait point satisfaite dans la traduction des ouvrages latins. Il lui fallait le contact de ses camarades : les Dufour, les Harlay, les Davin, pour que sa nature expansive prît son essor. Après le recueillement de la famille, l'explosion des idées, les controverses qui font penser, vouloir, agir.

Ces devoirs, mûris dans le silence, ces débats pendant les récréations sur les questions brûlantes, enflammant la jeunesse de la Restauration, formaient le meilleur fonds de la culture universitaire, et préparaient l'élite de ces républicains de 1830, impatients de reprendre l'œuvre de la grande révolution.

Chaque année Henri remportait les premiers prix, et ses lauriers venaient à point calmer les appréhensions des siens au sujet de son libéralisme.

Tout se lie dans sa longue existence et progresse. Les années ne le changeront pas, elles le perfectionneront, elles lui apporteront plus de force, plus de lumière, plus d'autorité.

Dans la médiocrité comme dans la gloire, il restera lui.

Adolescent, par delà ses thèses de rhétorique ou de philosophie, il fixera l'immatériel amour, en chantant la mignonne enfant dont la piquante physionomie l'a ébloui.

Dans sa maturité, au-dessus de ses conceptions, il résumera son idéal dans la femme aimée, pour le diviniser ensuite dans ses vers d'une magnificence antique en symbole de la Patrie : la Ganieda de Celtil, pour la Gaule; Jeanne d'Arc pour la France du moyen âge.

On est pris d'admiration quand, de sa première idylle timidement balbutiée à la jeune Saint-Quentinoise, on passe à cette tragédie cornélienne, que, sous le nom de Vercingétorix, il composa vers 1865, en l'honneur de la Gaule, mutilée par César.

En attendant, le lycéen provoque les discussions pour asseoir son opinion; son esprit s'empare des faits, saisit leur enchaînement et conclut. Il garde encore la foi de ses pères, mais les grandeurs du dogme ne l'arrêtent plus. Le cercle inflexible de la Bible le contraint, il veut voir au delà; parce qu'il s'est aperçu que, bien avant les tribus d'Israël, les races indiennes avaient eu leur cosmogonie et leur morale particulières, et que c'était par les grandes migrations que leurs doctrines s'étaient infiltrées en Europe. Cette part de

2

l'influence arienne, il la déterminera plus tard, en collaboration avec Jean Reynaud, son intime et illustre ami.

C'est après avoir reconnu ces ferments de civilisation, importés de l'Inde dans notre fonds gaulois, qu'il assignera à la France sa fonction spéciale dans la fédération européenne.

Un jour donc que son vénérable professeur Maupérin avait donné en composition « un style » d'histoire, l'élève déploya une telle sûreté d'analyse, fit converger les faits avec tant de logique vers la conclusion, que le maître déclara, sans s'inquiéter de la vocation déjà arrêtée par les parents, qu'Henri Martin ne serait jamais notaire, mais historien!

Toutefois, sous la rectitude du jugement, sous l'inflexibilité de la conscience, qui donnaient à sa personne un air de froide raideur, il couvait dans les profondeurs de son être le rêve! non cette mélancolie maladive, cette cérébrosité, qui, avec Chateaubriand et Lamartine, commençait à énerver les contemporains, mais la fantaisie vivante, la force ascensionnelle d'un esprit fécond et hardi.

Il s'en allait cacher ses méditations sur les

bords ombragés des étangs, sous les bosquets épars, débris des bois consacrés de nos forêts gauloises, dont sa vieille cité était encore entourée. Dans l'intimité de la nature, son âme ouverte aux courants humains s'épandait en de poétiques essais. Il cherchait à condenser ses élans dans un rythme serré ; à enlacer, dans la strophe harmonieuse, les indéfinissables désirs de l'adolescence.

On se sent tout pénétré à la lecture de ses fraîches aspirations ; le sentiment s'y dégage avec une sincérité et une candeur telles, que ces efflorescences conservent encore aujourd'hui une étrange saveur.

Ses doutes, son besoin de contrôler les doctrines établies pour mieux y croire, inquiétèrent sa famille. Dans l'austérité de ses mœurs chrétiennes, elle voulait ignorer les corruptions de l'ancien régime, ne tenir aucun compte des germes séculaires de la révolution, méconnaître sa justice, ses universels bienfaits. Elle ne voyait que 93, et ses sanglantes horreurs. L'esprit nouveau, qui malgré l'Empire et la Restauration ramenait la France dans sa voie progressive, elle le niait. Chercher l'orientation, c'était rompre avec l'orthodoxie, courir à l'anarchie, et se perdre dans l'impiété.

Le moyen de soustraire l'enfant à ces dangers c'était, comme nous l'avons dit, de l'enfermer dans le notariat.

Un oncle maternel, M. Desains, réservait à son neveu, dont il appréciait la régularité et la serviabilité, l'étude qu'il dirigeait avec grande considération.

Malheureusement, le neveu avait déjà trop de supériorité pour se livrer d'emblée à la routine des affaires; le gain d'ailleurs ne devait jamais entrer en ligne de compte dans ses résolutions. Il consentit; mais en exigeant l'étude du droit à Paris, pour se maintenir à hauteur de toutes les exigences de la clientèle.

Maître Desains était un véritable type d'oncle : plein de verdeur et de malice, il savait concilier son rôle de mentor avec l'effervescence de la jeunesse. A la pratique des affaires, il était devenu naturellement sceptique. Aussi son humeur enjouée gardait-elle une pointe d'ironie. Au demeurant, tolérant, prêt à dénouer les complications de famille. La nature généreuse de son neveu lui plaisait; il ne l'eût pas voulu autrement.

S'il ne pouvait s'empêcher de railler ses goûts romanesques, il s'efforçait de lui adoucir la monotonie du noviciat.

N'importe! ces journées dans l'ombre, dans le tracas, devenaient fastidieuses. — Nous comprenons ce que devait souffrir cet amoureux des lacs, reflétant en flèches d'or les rayons du soleil; ce coureur des clairières poursuivant ses illusions, assis tout le jour, copiant les actes, soldant les comptes, crispé par les réclamations des héritiers déçus.

Pendant que la main de l'expéditionnaire trottait sur le papier timbré, la chimère l'entraînait dans de fantastiques régions. Vivement, la voix grondeuse de l'oncle le rappelait à la réalité. Le découragement entrait dans l'âme de l'opprimé, mais l'image de l'enfant aimée surgissait. C'était à elle qu'il se sacrifiait!

La routine devenait moins intolérable, et l'acceptation commençait son œuvre d'effacement.

« Enfin j'ai su le gagner, disait triomphalement l'oncle Desains à sa sœur, il s'accoutume au métier. » Et voici que, comme une bombe, une lettre de Félix Davin, datée de

Paris, éclate dans la quiétude de la famille. En voici le résumé :

« Mon cher camarade,

» Si tu savais comme on se sent vivre au
» bord de la Seine, comme la poésie envahit,
» comme l'activité entraîne, tu lâcherais vite
» ton soporifique notariat !

» Ici, c'est la fournaise des idées, la pos-
» session des chefs-d'œuvre, entrevus dans
» l'ombre du collège. L'harmonie des Beetho-
» ven et des Mozart, des Schubert et des Chopin,
» charme les oreilles ; les orateurs captivent ;
» les drames passionnent ; le combat se livre
» contre l'obscurantisme aux abois.

» Les temps sont proches ; la Révolution
» gronde dans les arts et dans la politique ;
» la République est déjà partout et dans tout.
» Et tu ne concourrais pas au triomphe de
» nos rêves !

» Accours ! laisse croupir le vulgaire dans
» ses convoitises. La fortune pour nous, ce
» sont les jouissances de l'esprit, les hardiesses
» de la pensée. Ici, les facultés se dévelop-
» pent, le talent s'acquiert et s'impose. Au
» souci du lendemain le courage pourvoit.

» Viens! Un brave cœur qui partage nos » enthousiasmes t'accueillera avec moi ; il ne » vit, lui aussi, qne de sa littérature ; il nous » dirigera, nous communiquera sa valeur. » Nous défendrons nos principes et nous com- » battrons pour eux au prochain signal.

» Déjà, ce protecteur des jeunes, le biblio- » phile Jacob (1), m'a procuré du travail : mes » articles me rapportent une cinquantaine de » francs par mois ; en attendant mieux, c'est » du pain.

» Nous le partagerons en frères, dans ma » chambrette ensoleillée. Là, nous mettrons » tout en commun, nos veilles et nos profits, » quelquefois nos joies, souvent nos peines, » toujours nos espérances.

» En attendant, je t'embrasse.

» FÉLIX. »

Henri devint taciturne.

L'oncle lui arracha son secret.

— « Eh bien, lui dit-il, je n'entraverai point » ta vocation. Crois-moi cependant, le jour- » nalisme, c'est glorieux, mais c'est scabreux.

---

(1) M. Paul Lacroix.

» Tu as du courage, toi, de l'acquit, tu ne » deviendras jamais un déclassé ; mais avant, » prends une position modeste et sûre qui » t'assure l'indépendance. Alors, tu poursui- » vrais sans danger tes études favorites, tu » trouverais dans la politique l'influence que tu » mérites certainement.

» Allons donc à Paris ; je te recommanderai » à mon collègue Gérard, avec lequel tu » apprendras la pratique, tout en suivant les » cours de l'école de droit ; de cette façon, » nous serons tranquilles ma sœur et moi. » Plus tard tu décideras de ton sort. En at- » tendant, je te réserve mon étude. Tu vois » que je te traite en garçon raisonnable. »

D'un autre côté, il s'y prit si bien qu'il désarma les parents, et leur fit accepter ses propositions.

Pour eux en effet l'entretien d'un étudiant à Paris, c'était le déficit dans le maigre budget, c'était le foyer diminué, et l'inquiétude remplaçant le contentement de chaque jour.

Aux conseils du vieux magistrat, se joignirent les supplications de la mère, femme énergique et de grand sens.

La pauvre sœur aussi hasarda timidement

ses prières; elle redoutait moins la mort pour son frère que la perte de sa croyance !

Après un jour et une nuit de cahotement, la berline saint-quentinoise déposa dans la capitale le jeune Picard ébahi.

Ils n'étaient pas aussi pimpants qu'aujourd'hui nos étudiants d'autrefois; longtemps ils gardaient leur cachet provincial. Le nôtre portait, selon la mode, ce haut chapeau à bords relevés, allongeant encore sa frêle stature. Crânement drapé dans un manteau à l'espagnole, il tenait à la main, en guise de badine, l'ample parapluie bleu à gance de velours noir.

Qu'une mère a raison de redouter les séductions parisiennes à l'affût du novice pour détruire à cœur joie son œuvre éducatrice!

Cependant, sur l'être qui n'a eu que de mâles exemples, entendu que la vérité, vu que le désintéressement, le vice sera sans prise. L'enfant emporte avec lui l'image sainte du foyer, et dans son for intérieur brillera toujours l'étoile de l'avenir à deux.

Mais malheur au déshérité, effaré dès sa naissance par la discorde des siens, corrompu par les prodigalités, démoralisé par les tricheries commerciales, habitué à ne voir affluer dans la caisse paternelle qu'un argent malhonnête ! Personne ne s'est soucié de former sa conscience.

Pour ce maudit, une religion n'est plus qu'un moyen de parvenir.

Vous verrez au rebours comment Henri Martin se souviendra de sa première direction, comment il imprimera aux siens, avec le culte de la loyauté, l'habitude d'agir conformément aux principes.

En lui, tout restera intime et contenu : sous l'historien universellement accueilli, sous le penseur recherché de tous, sous le politique influent, il faudra découvrir le pur moralisateur. C'est ainsi que nous l'avons surpris, au sommet de la renommée, faisant trêve à ses lourdes responsabilités pour éduquer ses petits-enfants.

Paris n'est pas seulement ce bas-fond où grouillent les convoitises et les hypocrisies ; c'est aussi la forteresse des âmes trempées.

Mues par je ne sais quel aimant, les affinités s'attirent. Plus qu'ailleurs, il existe une franc-maçonnerie d'honnêtes gens qui, de l'atelier au salon littéraire, se reconnaissent d'instinct et se groupent. Il faut voir quel pressentiment de l'avenir rassemble les prédestinés de la gloire.

Leurs débuts seront cruels, désespérants ; qu'importe ?

Ils sont là, vaillante phalange, pour se soutenir et se défendre. Là, se contractent les amitiés à toute épreuve. Là, ceux qui, à force de veilles, de privations, se sont faits d'eux-mêmes, « les parvenus », s'honorent de leur origine roturière et frayent la voie aux délaissés.

Paris, — ce qui le fait tant aimer, — c'est qu'il est rempli de communautés intellectuelles où la bienveillance, l'érudition, l'esprit, tous les talents se conjurent pour captiver.

C'est à regret qu'on s'éloigne de ces centres lumineux, mais avec le désir d'y revenir et de s'élever à la hauteur de ces initiateurs, si fraternellement accessibles aux débutants.

C'est vers un de ces foyers qu'Henri Martin, à peine débarqué, se trouva tout naturellement porté.

L'oncle Desains installa gaiement l'étudiant dans une mansarde dont la fenêtre s'ouvrait sur un immense horizon. Il le recommanda à son collègue et bien vite reprit le chemin des affaires.

Pour le moment Henri n'eut qu'une idée

fixe : donner satisfaction aux siens et reconnaître dignement les bienfaits de son oncle.

Après ses journées de fatigue, Davin le conduisait chez le bibliophile Jacob, un érudit, un chercheur passionné, fouillant tout pour en faire revivre, à la manière d'Augustin Thierry, l'âme des philosophes et des artistes, et rallumer chez ses contemporains le feu d'une renaissance nouvelle.

Puits de science, il racontait déjà comme il raconte encore (1), avec un tour d'esprit captivant et coloré, ses merveilleuses trouvailles.

Toutes les futures renommées se réunissaient dans ce cénacle de la rue d'Enfer : Victor Hugo, Théophile Gautier, Gérard de Nerval, Sainte-Beuve, Ch. Nodier, ouvriers de la première heure, sans compter d'autres artistes ou compositeurs travaillés de la fièvre de l'innovation.

Que de vues nouvelles, que de hardiesses projetées sur l'avenir ! Que de sujets littéraires élaborés, d'œuvres musicales essayées, d'utopies écloses dans ce salon, suspendu, pour ainsi dire, au-dessus des masses verdoyantes

(1) Il mourut le 16 octobre 1884.

du Luxembourg! Qu'importaient les richesses et les honneurs à ces génies naissants, égarés dans les idéales régions ? N'étaient-ils pas les vrais heureux dans la fourmilière humaine ?

Henri Martin était bien de cette race; humble, sans besoin, détaché des glorioles, il s'était fait apprécier bien vite par les hautes qualités qu'il ignorait en lui.

Dans ce remuement des idées, anxieux, il se demanda si les bénéfices du notariat valaient les inquiétudes et les jouissances de la pensée; si le plus mince succès littéraire ne compensait pas la gêne et les rudes efforts; si enfin, il ne portait pas en lui quelque chose de plus utile aux autres que la rédaction des contrats ?

Néanmoins, sa timidité l'aurait arrêté, si le bibliophile, témoin de ses scrupules, ne lui eût offert de collaborer dans un recueil des matériaux devant seulement servir à l'édification de l'Histoire de France.

Ainsi guidé, soutenu, il s'engagea dans la périlleuse carrière de la littérature. En dehors de ses recherches d'annaliste, son goût, la nécessité de vivre le portèrent vers les créations romantiques : *Minuit* et *Midi*, et le drame historique de la vieille Fronde.

Déterrer les documents, compulser les manuscrits, préparer la synthèse au puissant esprit qui viendrait après lui édifier ce monument de notre histoire nationale, tel était le but de ce trop modeste artisan de la pensée. Ce n'était pas la perspective d'un demi-siècle de travail qui l'effrayait, mais bien le jugement rigoureux qu'il faudrait porter sur les hommes et sur les événements. Une erreur, même involontaire, était un supplice pour lui. Pour le décider à entreprendre seul l'œuvre magistrale, il fallut la pression fraternelle du bibliophile et de sa femme qui resta sa constante amie depuis son arrivée à Paris jusqu'à sa mort.

Avant tout, Henri Martin était l'homme du droit; aussi absolu dans sa résistance à la violence qu'incapable de conspiration. L'organisation d'un pays ne se fonde jamais par des menées, mais à ciel ouvert, légalement, par consentement unanime. Aussi ne le trouve-t-on jamais affilié à aucune société secrète.

Il est républicain. Comme journaliste, comme historien, il prépare l'avenir de la

République. Il lutte avec ses vieux compagnons : Carnot, Eugène Pelletan, Jean Reynaud, Viardot, Anatole de la Forge, Armand Marrast, avec tous les précurseurs de la seconde République.

En 1830, il se mêle avec ardeur aux étudiants, qu'entraîne le mouvement populaire. Dès que la réaction est vaincue, il retourne à ses travaux.

Il fouille partout, il recueille de la bouche des survivants de 89 les renseignements qui achèveront de l'éclairer sur le drame et les acteurs de la Révolution. Il retrouve dans la rue Saint-Jacques la famille Lebas, dont les récits simples et émouvants le guideront dans les documents contradictoires de la tragique époque. Il voyage sans cesse pour connaître les jugements de l'extérieur. En Italie, comme en Angleterre, il se retrouve en intimité avec les éminents penseurs, il se les attache par son prodigieux savoir, sa bonne foi, son large patriotisme. Il rentre avec des documents inédits, des vues nouvelles, un contrôle assuré des événements qu'il va retracer.

1848 le surprend au milieu de cette immense entreprise, comme il surprit les républicains d'alors.

Personne ne se doutait que la monarchie constitutionnelle allait sombrer d'elle-même, comme une poire véreuse se détache de la branche, avant l'heure.

De conspiration : point.

Les troupes restaient sans ordres. Bugeaud répondait de la situation ; mais le vieux roi, indécis, s'effrayait à l'idée de verser le sang. Alors le pouvoir s'effondrera.

« Marchons à l'Hôtel de Ville, » avisèrent les uns. Et ils s'y installèrent.

« Veillons à la sécurité des citoyens ! » répondirent les autres. Et de lui-même, avec sa bande, l'honnête Caussidière réorganisa les services de la préfecture de police désertée.

« Protégeons le Louvre ! » dirent les artistes. Et un petit groupe, Thoré en tête, s'achemina vers notre collection nationale. Là, on voulut le nommer conservateur des musées.

— « A quoi bon ? dit-il, tout est intact, faisons bonne garde, cela suffit ! »

« Allons chercher Arago ! criait la foule, » et Lamartine ! et Marrast ! conduisons-les à » l'Hôtel de Ville, qu'ils reprennent provisoi- » rement la direction des ministères ! » C'est ainsi que le Gouvernement fut réorganisé, que Carnot fut délégué à l'instruction publique et qu'il chargea son ami Henri Martin de continuer à la Sorbonne le cours d'histoire de M. Guizot.

De ces faits, dont j'ai été le témoin, je n'en veux dégager qu'un : c'est la plainte amère que j'ai entendue sortir plus tard de la bouche d'Henri Martin.

« Le misérable ! s'écriait-il en parlant de » Louis Bonaparte, il a violé la loi, fusillé, » déporté, ruiné nos finances, humilié la » France par une diplomatie honteuse ; ce » qu'il a fait de pis : c'est la désorganisation » de l'instruction publique en France ! »

Le plus grand souci de Carnot, en effet, avait été de reprendre la tradition de Turgot, de Lakanal, et de rendre à l'enseignement son côté intelligent, pratique et national.

Le suffrage universel, décrété avant que l'instruction du peuple fût faite, paraissait un dangereux contresens. Le vote pouvait devenir un instrument aveugle entre les mains de la réaction. C'est pourquoi Carnot consacra ses veilles et sa longue expérience à préparer dans son ministère un plan d'ensemble, dont l'application allait donner une énergique impulsion à l'enseignement universitaire à tous les degrés. Une fois la nation instruite, elle devenait réellement maîtresse de ses destinées.

Henri Martin, — comme en toute chose décisive, — ne nous dit jamais la part active qu'il prit à cette réforme universitaire.

Malheureusement, ces projets restèrent dans les cartons de l'instruction publique. La réaction fit son œuvre : les ateliers nationaux furent le prélude des journées de juin, la guerre civile devait aboutir à la nuit du 2 décembre, comme le 2 décembre à Sedan ! C'est la logique du crime.

Henri Martin fut un de ceux qui jouèrent leur tête dans le comité de résistance. S'assembler pour organiser le combat, quand tout était vendu au futur empereur; rédiger l'appel aux armes, quand la police était entre les mains des bonapartistes, c'était s'exposer à une exécution sommaire. Son fils aîné Charles l'accompagnait dans cette périlleuse aventure. La proclamation fut rédigée. Et pendant que le fils collait les affiches aux murailles, le père le cachait derrière son manteau !

Voici comment j'appris cet acte de courage : Par une belle soirée d'automne, mon ami

Walferdin et moi, nous nous reposions sur le revers d'un fossé de la forêt de Meudon, quand des pas précipités se firent entendre.

— C'est vous, Clément, s'écria mon compagnon, par quel hasard au bois à une heure si tardive?

— C'est que, répondit l'habile avocat, après mes fatigues du Palais, je regagne, chaque soir, Jouy.

C'était après le coup d'État.

Ils causèrent des exilés, de la démoralisation du pays livré aux aventuriers.

Clément, en ardent républicain, donna libre cours à sa fougueuse indignation :

« C'est égal, continua-t-il, à côté de cette » tourbe d'apostats, de proxénètes, on se sent » soulagé au contact de certains êtres incor- » ruptibles; tant qu'il en survivra de la trempe » d'Henri Martin, espérons!

» Je l'ai vu celui-là, après la fusillade, rentrer » au logis escorté de son fils aîné, tous deux » impassibles comme des lions après le danger. » Le souvenir de ces deux êtres, bravant la mort, » m'est resté, dit-il, comme la plus haute pro- » testation devant l'illégalité triomphante. »

DEUXIÈME PARTIE

La rue Montparnasse. — M. Walferdin. — Henri Martin et Arago.

Cours d'astronomie populaire.

Aux barricades.

Léon Martin. — Le catéchisme de Jeanne. — Le siège. — La reddition. — L'Assemblée de Bordeaux. — La Grèce.

Réminiscences. — Jules Favre et Duruy. — Mort d'Henri Martin.

Et puisque j'ai été amené à prononcer le nom de Walferdin, permettez-moi, Messieurs, un retour en arrière pour exprimer mes sentiments de gratitude à l'égard de ce vieux républicain, du physicien distingué, du lettré, qui, en pleine Restauration, alors qu'il était employé aux douanes, rassembla l'œuvre encyclopédique de Diderot ! (1) Laissez-moi me reporter avec abandon vers ces lointaines années, où il m'accueillit paternellement dans sa villa de la rue Montparnasse. C'est là que, pour la première fois, je devais rencontrer Henri Martin. Cette rue, alors à l'extrémité de Paris, avait un caractère de recueillement tout particulier : à droite, en montant, un long mur de parc débordait

(1) Édition de Naigeon.

de touffes de lilas; puis, quelques villas sous les arbres, au fond de leurs jardinets. — A gauche, quelques vieilles constructions, et, pour terminer l'alignement, de grises murailles dépassées par les bâtiments du couvent des Maristes.

C'est en face de ce couvent, que s'élevait l'entrée du numéro 34. — Au fond d'une allée d'acacias, entourée d'une verdoyante ceinture, se dressait une blanche maison n'ayant qu'un premier étage. C'était l'asile du savant collectionneur.

Il était alors représentant du peuple à l'Assemblée nationale.

Toutes les parois de sa bibliothèque, de sa salle à manger, avaient disparu sous les toiles exquises des Fragonard, des Greuze, des Prud'hon et des Géricault, qu'il avait ramassées dans les étalages. Des entassements de livres, de fines statuettes, des instruments de physique, des séries de thermomètres qu'il avait inventés, livraient à peine passage aux visiteurs émerveillés, quand le soleil se donnait la peine d'animer ce chaos d'œuvres d'art et de science.

De ce sanctuaire inaperçu, le regard plongeait à gauche dans la cour d'un modeste pavillon au n° 32. Là, l'austère Edgar Quinet écrivait ces œuvres, qui, pendant son exil, devaient soutenir nos courages. Là aussi Augustin Thierry, aveugle, dictait à son secrétaire les pages brillamment colorées de ses récits mérovingiens.

A droite de la villa, au n° 36, apparaissait tout à coup, sur l'ovale d'une étroite pelouse ombragée, un personnage de frêle stature, enserré dans une robe de chambre brune, la toque enfoncée dans la tête; il sortait brusquement de son cabinet. Le cerveau aux prises avec ses méditations, d'une allure saccadée, il arpentait la piste piétinée la veille. Il résumait là ses longues études, cherchait la philosophie des transformations et l'expression simple, concise qui devait la rendre compréhensible à tous.

C'était Henri Martin ! Inoubliable apparition !

Sous une chevelure d'ébène s'encadrait un front largement modelé ; un regard, tour à tour éclatant et tendre, s'échappait de ses grands yeux noirs; le nez, d'un ferme dessin, indiquait l'alliage de la bonté et de l'énergie ; à demi voilées par une moustache tombant en pointes, des lèvres d'ascète retenaient charitablement le trait malicieux; d'une coupe rigide, le menton accusait l'impartialité inflexible. Physionomie superbement expressive où se reflétaient les plus subtils tressaillements de la conscience.

Comme Dante, il revenait du long voyage, racontait les différences essentielles des civilisations, le degré d'avancement où chacune d'elles avait élevé l'esprit humain, son influence dans le renouvellement des nations.

Il ne fallait point être érudit pour suivre avec lui l'évolution de notre race, ses tendances, son génie.

Ce n'était point par l'évocation brillante qu'il arrivait à ressusciter le passé, comme notre charmeur de Michelet qui, né peuple, comme il le disait lui-même, en avait gardé les divinations et les enthousiasmes.

Chez Henri Martin, c'est le travail patient, infatigable du fouilleur qui exhume pièce à pièce, contrôle, décrit avec autant d'impartialité que d'ampleur et résume avec éloquence.

C'est donc par-dessus ce mur mitoyen que je fis connaissance avec celui qui devait être plus tard une de nos glorieuses personnalités républicaines.

Comme voisin, lui aussi venait se distraire et se renseigner auprès de mon vieux philosophe. Il se rencontrait là avec les célébrités de l'époque; c'étaient les savants de l'Observatoire : les Arago, les Mathieu, les Laugier, les Babinet, l'infortuné Mauvais, les Dornès, les Ketsner, les Liouville, les Cavaignac et les Charras, Claude Bernard, l'essayeur (de la Monnaie) Laurent, notre cher et regretté Lanfray et tant d'autres.

Puisque j'ai trouvé là simultanément François Arago et Henri Martin, je veux vous signaler l'affinité de ces deux natures, antiques par la simplicité et leur dévouement au peuple.

Pour l'historien comme pour l'astronome, la postérité ne se demandera pas si Michelet était supérieur par sa fascinante exposition; si Leverrier l'emportait par sa prodigieuse facilité à résoudre les problèmes astronomiques. La postérité reconnaissante saluera, en François Arago et en Henri Martin, des vulgarisateurs, des accumulateurs de trésors qu'ils ont répandus à profusion dans les masses populaires.

Arago légua aux ouvriers son astronomie populaire, comme Henri Martin son histoire populaire.

Et ces deux œuvres sont chacune le fruit d'un demi-siècle de travail.

M. Walferdin, suivant assidûment le cours d'astronomie que son ami faisait aux ouvriers, me racontait ceci :

Arago professait avec une merveilleuse clarté. Dès le début, l'auditoire était entraîné, les physionomies s'épanouissaient.

Arago se sentait compris; mais, s'il remarquait une mine soucieuse et réfractaire, il reprenait différemment la démonstration jusqu'à ce que la tête de l'ouvrier qu'il fixait comme indice eût confirmé, par son rayonnement, qu'il avait trouvé la vraie méthode.

Convertir les ignorants à la science, c'était pour lui la plus noble des récompenses.

Aussi le peuple,— le vrai, celui qui travaille, — avait-il spontanément crié à la chute de la dynastie d'Orléans : « Allons chercher Arago ! »

Lorsque la réaction eut fomenté la lutte fratricide de Juin, Arago fut, avec Mgr Affre, de ceux qui tentèrent de faire entendre raison aux insurgés.

Après Dornès mortellement frappé, Bixio et Victor Lefranc avaient été grièvement blessés; Arago monta sur la barricade de l'école de Médecine, harangua les égarés : — « Tuez-moi, s'écria-t-il, mais ne versez plus le sang français! »

On ne l'écouta point.

Désespéré, il resta exposé aux balles, préférant la mort, plutôt que d'assister à la ruine de la République.

Des amis l'entraînèrent violemment. Mais on peut dire que ce jour-là sa haute intelligence reçut un coup mortel.

Pareillement, nous verrons, à l'heure de l'invasion, le même élan patriotique provoquer chez Henri Martin le sacrifice de la vie, pour sauver la capitale.

Vous connaissez sa résistance au Deux-Décembre; traqué par la police, il reçut asile chez un ami. Mais son domicile fut violé, ses papiers minutieusement examinés, sa correspondance fouillée, rien ne révéla le conspirateur.

M. Monval, le commissaire de police du quartier, qui de longue date connaissait la loyauté du républicain, ne put que constater l'inutilité de ses recherches. Henri Martin fut laissé aux siens et à ses travaux.

C'est alors qu'apparut dans la sphère de mes rares amitiés la sympathique physionomie de son second fils *Léon*.

Il était, lui aussi, de la race des artistes. Il venait chez M. Walferdin, attiré par les œuvres du dix-huitième siècle autant que par l'humeur malicieuse et affable de ce vieillard que nous appelions « *le grand-père* », parce qu'il s'était fait gracieusement l'ami et le guide de tout ce qui était jeune, actif et chercheur. Il avait lutté, et il protégeait les lutteurs; il avait aimé, et il aimait les rêveurs !

C'étaient d'amusantes controverses d'esthétique et de morale que Léon, spiritualiste, engageait avec ce vieux descendant des conventionnels (1).

Quand nous étions « sages », c'est-à-dire quand nous ne l'avions pas trop taquiné, il nous conviait à son brouet du dimanche; car tout son pauvre pécule passait à l'achat du

(1) Il était le neveu des Laloy et des Rousseau-Chaudron.

tableau de Fragonard qui lui manquait toujours pour compléter sa collection.

Après l'agape, comme des lévriers, nous gagnions les futaies de Meudon et de Chaville, courant les bonnes fortunes fortuitement offertes, ou ébauchant un paysage auprès des étangs.

Le soir, nous regagnions la modeste maison de l'historien, cachée derrière son tapis de vigne vierge.

Dans la cour, un vieux puits recouvert d'un énorme sureau donnait à l'habitation un air patriarcal.

La table était mise avec simplicité, mais largement hospitalière; nous l'ornions de violettes au printemps; plus tard, de lierre ou de bruyères.

Henri Martin retenait l'ami ou le savant étranger qui était venu conférer avec lui; car ce petit coin, si caché, était le rendez-vous de tout ce qu'il y avait d'illustre dans le monde.

C'était gai, c'était instructif, c'était familial!

La musique des grands maîtres, interprétée avec un sentiment exquis par Mme Henri Martin, terminait ces chaudes réunions, quand

» foule, tendent leurs bras vers eux; les mères » conduisent leurs enfants; la file des volon- » taires s'écoule; un jeune tambour, d'une fière » allure, l'entraîne. C'est irrésistible... Un » des volontaires cependant se détourne, » cherche une dernière fois sa fiancée. Celle- » ci lui envoie des lèvres et de la main le » baiser d'adieu dans lequel passent l'amour » et la virilité de son cœur virginal !

» Tout cela est esquissé avec le relief d'un » médaillon, il ne manque plus que l'instru- » ment à terminer; je cours chercher celui » de Gleyre... Et à dimanche! »

Hélas! Ce dimanche-là, personne ne me répondit à l'atelier; surpris, je courus à la rue Montparnasse. Le pauvre artiste était alité.

Comme je m'asseyais près de lui :

— « Partez, dit-il, il fait si beau, vous » reviendrez me dire où en sont les verts de » la forêt. »

Je demeurai à ses côtés.

Vers trois heures, comme dans un rêve, il articula quelques paroles incohérentes.

Son père entra.

— « Je le trouve calme, lui dis-je, il semble » reposer. »

A l'heure du dîner, nous nous mîmes tous à table avec une entière sécurité.

Charles son frère, revenant d'excursion, monta vers le malade. Bientôt il me fit appeler.

— « Léon, me dit-il, est en danger, friction-
» nons-le de toutes nos forces; la vie s'en va.
» Vains efforts ! »

Le docteur Folin, que je courus chercher, constata une méningite.

— « Il est perdu, dit-il, il nous reste un
» seul expédient, essayons. »

Nous l'enveloppâmes de draps mouillés. La réaction ne se fit pas.

Le père debout, immobile au pied du lit, ses mains crispées à la barre de fer, subissait l'horreur de cette mort, achevant rapidement son œuvre de destruction.

Tout à coup le moribond se redressa, jeta sur nous un regard d'une fixité effrayante, comme s'il avait voulu revoir une dernière fois ses êtres aimés. — Ce fut fini !

Ce coup fit à l'historien une incurable blessure; il la cacha stoïquement, mais elle devait s'aggraver plus tard par l'arrachement de nos deux provinces les plus françaises.

Heureusement qu'il avait à côté de lui,

sous le même toit, son fils Charles, marié à la fille du célèbre statuaire Jean Du Seigneur, et que ses petits-enfants vinrent prendre en son cœur de grand-père une large partie du vide que la mort de Léon y avait fait.

Leurs sourires, leurs caresses, étaient pour l'aïeul comme des réminiscences de leur oncle.

La douleur l'avait grandi; il se montrait prodigue envers les autres de tout ce qu'il concentrait de meilleur en lui.

Pour moi, je compris alors ce que me réservait de fragile et d'amer cette vie que je croyais traverser avec un fidèle compagnon : Henri Martin devait m'apprendre comment il faut la supporter, quand même, en s'apprêtant à bien mourir!

Ses petits-enfants grandirent. Il se voua à leur éducation par des entretiens, des excursions, des visites aux musées et aux expositions.

Il dicta à l'aînée, Jeanne Martin, à l'occasion de sa première communion, un catéchisme qui est un chef-d'œuvre de premier enseignement. Il s'en dégage d'un bout à l'autre un parfum de la morale la plus élevée (1).

(1) Notes. — Page 65.

Je lui dis un soir :

— « Vous m'avez saisi d'admiration!

— Ah bah! répliqua-t-il avec vivacité.

— Oui, j'ai copié le catéchisme de Jeanne! Les chapitres sont d'une simplicité biblique; le sentiment religieux et patriotique y est exposé avec la conviction d'un père de l'Église et d'un Français.

— Vous croyez?

— Je crois, que vous avez rendu là un grand service aux familles, en esquissant un superbe programme d'éducation. Elles pourront le modifier, mais il sera le meilleur guide. Laissez-moi le soin de le publier. Chaque leçon a déjà sa gravure : les Loges de Raphaël illustreront les premiers chapitres de la création; Ingres a peint sainte Blandine; nous trouverions facilement les autres artistes, pour saint Martin, saint Louis, Jeanne d'Arc et nos martyrs de la révolution, dont les exemples achèvent cette perle échappée de vos lèvres.

— Plus tard je ne dis pas, quand je serai débarrassé de ma petite *Histoire de France.* »

En effet, la seconde édition de sa grande *Histoire* en 17 volumes achevée, il en extrayait l'essence pour en pénétrer le peuple, dans un récit accessible à tous les citoyens. Ce sera son titre impérissable à la reconnaissance de la postérité.

Il montre : la race celtique en formation, la civilisation romaine qui la discipline et l'achemine vers la cohésion ; les Francs y apportent leur individualité tenace. La monarchie commence l'unification que la révolution achève, en émancipant avec la France le monde ; dans ses luttes elle sera souvent écrasée, mais sous les ruines, sa flamme surgira comme celle d'un volcan que l'on croyait éteint.

Dans le groupe de ses rejetons pleins de promesses, Henri Martin se voyait revivre ; il s'y retrempait, et pouvait espérer une heureuse vieillesse, récompense de ses lassitudes et de son abnégation. Mais il apercevait les vrais points noirs s'agglomérer à l'horizon, pour souffler en tempête sur son pays. Une politique personnelle, double, avec ses menaces et ses reculs, provoquait les haines extérieures.

Les Polonais encouragés s'étaient fait vainement massacrer, les Danois avaient été abandonnés aux Prussiens, l'Autriche avait été vaincue à Sadowa, une formidable nation militaire s'était subitement formée aux flancs de la France. L'Empire affolé ne put opposer que la théorie des trois tronçons ! Ces atteintes à l'équilibre européen alarmaient Henri Martin. Quand, à propos de la succession d'Espagne, la guerre fut déclarée à la Prusse, l'historien, confondu, nous révéla l'abîme dans lequel le pays allait s'engager.

« Vainqueur, disait-il, l'Empereur croira consolider sa dynastie, quand c'est l'émiettement du sol qu'il prépare ; avec lui, la démoralisation a pénétré jusque dans les profondeurs du peuple. Ce sera la décadence.

» Vaincu, c'est la curée, le « finis Galliæ ! » Pas un allié : l'Italie entravée par nous achèvera son unification, la Russie réparera les échecs que nous lui avons infligés ; l'Angleterre, égoïste, laissera faire, si elle ne favorise pas notre amoindrissement. »

L'invasion qui allait étreindre Paris le trouva résolu, prêt au sacrifice. Croyant à une résistance à outrance, il mit sa famille en sûreté, pour subir, lui et son fils Charles, les extrémités du siège.

Lui, nommé maire de Passy, il pourvut à

toutes les nécessités, aux approvisionnements, aux soins des blessés, aux baraquements des troupes, au chauffage durant l'implacable hiver. Il n'épargna pas ses chers ombrages de la mare d'Auteuil. Il dépensait ses forces à tout organiser avec le gouvernement de la Défense nationale, subissant presque gaiement la ration qu'il imposait aux autres, pendant que Charles, chirurgien-major du 72me bataillon de Passy, maniait alternativement le bistouri et le fusil depuis Bondy jusqu'à Buzenval. En ce temps-là, les habitants de Passy, dont il soutenait le moral, oubliaient l'illustration de l'écrivain, pour n'admirer que l'apôtre de la bienfaisance.

Les douleurs, les privations dont il était le témoin, la défaite de nos armées, la trahison le torturaient... Seul, c'est à sa petite Jeanne qu'il ouvrait son pauvre cœur : — « Nous » reverrons-nous jamais, ma chère enfant ? » l'ennemi innombrable nous enserre. Pen- » dant que je veille sur l'existence de nos » concitoyens, ton père combat hors des » murs et soigne les blessés. Quoi qu'il ad- » vienne, tu ne retrouveras plus nos retraites » de la Muette, le Bois n'est plus qu'une

» plaine hérissée de défenses. La résistance » sera désespérée !

» Aie toujours bien soin de ta grand'mère, » si tendre pour vous. N'oublie jamais qu'elle » a consacré sa vie à notre bien-être et allégé » par sa prévoyante sollicitude le poids de » ma tâche. Si tu ne nous revois plus vi- » vants, ne nous oublie jamais, et élève tes » enfants dans la voie que leur tracent au- » jourd'hui ton père et ton grand-père.

» Au revoir, ici bas ou ailleurs! »

Rien d'émouvant comme cette lettre intime, dans son héroïque simplicité.

Hélas ! l'assaut de vive force n'eut pas lieu, comme il le souhaitait.

La hideuse famine se chargea de la reddition.

Ce soir-là, Henri Martin parut à l'Arsenal chez sa vieille amie, Mme Paul Lacroix; atterré, chancelant, il s'affaissa.

— « Êtes-vous malade, lui dit-elle, ou les » nôtres sont-ils en danger ?

— » Pis que tout ! murmura-t-il, nous de- » vons subir la capitulation ! Sans pain, sans » armée, sans secours, nous avons convoqué » un conseil de guerre. Tout ce qu'il y avait

» de braves parmi nos généraux et nos jeunes » officiers supérieurs était là. Nous leur » avons exposé la situation et demandé si » dans cette détresse, quelqu'un d'entre eux » se sentait capable de tenter un suprême » effort. Tous démontrèrent la stérilité d'un » nouveau massacre. Un vieux général » voulut parler, mais les sanglots arrêtèrent » sa voix.

» Les maires et moi proposâmes alors » d'entraîner les bataillons en marchant à » leur tête, ceints de nos écharpes en guise » de drapeaux. Illusion du désespoir ! Ne » pouvant mourir, il nous faut assister maintenant à l'entrée de nos ennemis ! »

Ce n'était cependant pas la dernière douleur arrachée à ce martyr du devoir.

Envoyé à l'Assemblée de Bordeaux, il fallut assister à cette lugubre séance où la cession de l'Alsace-Lorraine devait être sanctionnée.

Notre député, M. Fouquet, un travailleur, lui aussi, et un patriote, qui ressent vivement les coups portés à son pays, vous retraça il y a deux ans, en termes émus, l'écrasement de son collègue Henri Martin, quand il vit, après le vote, les représentants de l'Alsace-

Lorraine quitter l'Assemblée française pour aller chaque année à l'Assemblée allemande renouveler la protestation de leurs concitoyens violemment dénationalisés.

Brisé, mais invaincu, Henri Martin se releva de toute la grandeur de son âme; il voulut croire, quand même, à la vitalité de sa nation et au redressement des iniquités!

Il retrouva donc toutes ses énergies pour conjurer la guerre civile, conséquence de nos désastres. Comme Arago, il tenta l'impossible, au péril de sa vie, pour arriver à la pacification.

En vain des insensés, sous les yeux des Prussiens, renverseront la colonne faite de canons prussiens; en vain ils incendieront les Tuileries aussi bien que l'Hôtel de Ville, les Finances ensuite, les archives de la Cour des comptes, la Bibliothèque du Louvre aussi bien que le Palais de Justice; comme si les flammes devaient effacer les traces du crime de décembre et les intrigues qui nous valurent cette troisième invasion. Henri Martin ne fléchira jamais!

Dans les crises parlementaires qui précédèrent la proclamation légale de la République, il supplie tantôt M. Thiers de ne point se laisser circonvenir par la réaction, en s'opposant au suffrage à deux degrés, — mesure impopulaire visant à discréditer les républicains modérés, pour laisser le champ libre aux partis extrêmes, en attendant la monarchie ; tantôt il adjure Gambetta d'enlever par sa puissante parole un vote décisif.

Il a fallu sa mort, pour que l'ascendant de cet honnête homme nous fût révélé par les lettres qu'il adressait à ses collaborateurs.

C'est pourquoi Gambetta, en prévision des compétitions susceptibles de diviser le parti républicain, lors du remplacement de M. Grévy, avait en vue Henri Martin comme troisième Président de la République; sûr que toutes les nuances d'opinions s'inclineraient devant les services rendus et le désintéressement de notre compatriote.

Gambetta mourut, et Henri Martin regretta sur son cercueil que la mort ne l'eût pas frappé lui vieillard, de préférence à celui qui avait tant d'années à consacrer à l'organisation du pays, dont il avait si intrépidement sauvé l'honneur militaire aux jours de l'invasion.

Pardonnez-moi, mes chers camarades, de conserver à cette causerie, jusqu'à la fin, son caractère d'intimité en vous racontant les circonstances de ma dernière entrevue avec Henri Martin.

C'était le 4 novembre de l'année dernière; j'avais à dîner dans mon île Saint-Louis des amis de vieille date que les épreuves en commun rendent plus chers et, parmi eux, le docteur Mahé, ex-professeur de chirurgie à l'hôpital maritime de Brest, attaché à notre ambassade de Constantinople. Revenu en congé, il s'était offert pour assister en Egypte la mission Pasteur, au fort du choléra. Ce soir-là, nous fêtions son retour, avec Paul Guieysse, l'un de nos rares égyptologues, et Mispoulet, le savant épigraphiste, professeur à la Sorbonne. Nous attendions Henri Martin qu'une longue séance retenait au Sénat. Quand il apparut, il nous sembla ramener la jeunesse avec lui, tant il était radieux du plaisir qu'il se promettait de s'entretenir de l'Égypte, qu'il n'avait pu étudier sur place, et de la Grèce qu'il venait enfin d'admirer.

Il nous communiqua l'élan d'allégresse qui l'avait transporté, quand, des îles de l'Archipel, il entrevit les fines découpures de l'Attique baignée dans sa mer d'émeraude. Puis, il distingua l'Acropole, plus parfaite qu'il ne l'avait rêvée. Sa colonnade se dorait alors sous le chaud rayonnement d'un coucher de soleil. Une lumière merveilleuse de transparence et de douceur accusait à l'horizon les sinuosités des cimes.

Il revoyait ces beautés, en nous les décrivant, et son regard brillait, et sa voix prenait un accent caressant. L'enthousiasme nous gagnait.

Il nous montra les ruines dans leurs harmonieuses proportions, chefs-d'œuvre sortis avec une grâce naturelle de ce sol divin.

Des ruines, il passa à la mélancolie des souvenirs ; des souvenirs de la France, fille de la Grèce et, comme elle, terre d'artistes et d'orateurs. Il nous rappela Jules Favre dont la pure et entraînante éloquence l'avait charmé, son immolation volontaire à la Patrie, quand il ramassa les débris d'un pouvoir effondré.

Ses généreux entraînements, ajouta-t-il, lui seront pardonnés, comme ils doivent l'être à ceux qui ont cruellement souffert pour la cause commune.

Nous parlâmes des historiens; naturellement il oublia ses travaux; mais, dès que le nom de Victor Duruy fut prononcé, il fit un vif éloge des qualités de l'éminent écrivain de l'*Histoire de Rome* et reconnut l'importance des services qu'il avait rendus comme ministre en fondant l'établissement de Cluny, type des écoles normales actuelles. « Victor Duruy se proposait de créer des lycées de jeunes filles en concurrence avec les couvents, et s'il fut entravé dans ses sages réformes, nous devons du moins, dit Henri Martin, lui rendre cette justice, que par son énergique opposition, il préserva l'Université d'une désorganisation complète. »

La République a heureusement trouvé un homme qui a su briser toutes les résistances pour reprendre la tradition universitaire, qui s'est voué au perfectionnement de notre enseignement et s'est acquis un titre à notre reconnaissance : c'est *Jules Ferry*.

Il a fait énormément et il fera davantage, car il grandit de plus en plus dans la pratique du gouvernement.

Tel fut Henri Martin, de la plus rigoureuse intransigeance pour lui-même, dans sa vie privée, comme dans sa carrière politique, mais à l'égard des autres, d'une équité et d'une bienveillance incomparables.

Il nous quitta, heureux de ce retour vers le passé. Nous, illusionnés, nous venions de revivre, grâce à lui, nos meilleures années. Ne venait-il pas de ressusciter nos vieilles amitiés dont il restait la plus haute personnification ?

Connaissant sa complète indifférence de sa personne, pour l'empêcher de monter sur l'impériale du tramway, j'allai moi-même l'enfermer dans un fiacre.

— Adieu, dit-il, et à bientôt !

. . . .

Oui! à bientôt! le 14 décembre suivant, le journal m'annonçait sa mort. En rentrant chez lui, quelques jours avant, le froid l'avait saisi et une congestion pulmonaire l'avait emporté!

Sur son lit de mort, ne pouvant se résoudre à l'inactivité, il se fit lire des passages de Corneille.

On lui présenta son arrière-petite-fille, arrivée en hâte de Boulogne.

— « Bébé, lui dit-il tendrement, quand » grand-père ira mieux, il t'emmènera pro- » mener. »

Il l'embrassa. Bientôt sa tête inanimée retomba en arrière.

Après les angoisses de la lutte, le vieux patriote avait attendu pour mourir le sourire d'une enfant !

J'ai pu saluer encore dans sa dernière attitude cette noble tête tournée vers le ciel, sereine comme celle de l'ouvrier conscient de son œuvre, sûr de retrouver les siens !

Ainsi, comme je vous l'ai dit, mes amis, sa carrière ici-bas n'a été que la mise en action de sa foi dans les destinées de la France, dans le progrès humanitaire, dans la communion ultra-terrestre des amitiés momentanément séparées. Son œuvre magistrale n'est que l'affirmation de cette triple croyance et la préparation de l'avenir.

Si ses accents convaincus n'ont pas le charme, la souplesse inimitable du styliste, ils ont la sobriété, la fermeté, la pureté du croyant.

A côté de lui, un sceptique aura pu nous éblouir par ses incertitudes et ses vagues aspirations; il aura pu délayer son nihilisme dans un panthéisme littéraire d'un merveilleux éclat. Mais si son art n'a été pour lui qu'honneur et profit, pour les autres il restera quoi? le Vide.

L'enchanteur a paralysé les consciences par l'indifférence et l'incrédulité, l'historien leur a tracé le devoir et montré l'espérance.

Déjà Saint-Quentin s'apprête à perpétuer l'image de son illustre enfant, si soucieux des autres, si oublieux de lui-même! Bientôt sa statue s'élèvera dans la cité, comme celle d'un génie protecteur.

Si j'avais à reproduire l'homme aux impressions intenses et contenues, je le représenterais debout, le masque austère et pensif, tel que le peignit Ary Scheffer, son ami; la redingote négligemment ajustée, serrée autour de son corps élancé; d'une main traçant sur l'histoire ouverte sa pensée dominante : « Au-dessus de tout : la France! » De l'autre, il indiquerait nos frontières envahies, non par un geste provocateur, mais par le cri de la conscience humaine incarnée dans l'historien, protestant contre ce crime de lèse-nationalité commis, à la fin du XIXe siècle, sur un peuple, qui, dès qu'il s'appartient, n'a d'idéal que l'indépendance des autres!

Geste auguste, résumant les travaux du démocrate invaincu : l'appel à l'union de tous les Français, force bien autrement irrésistible que tous les canons du monde !

NOTES

SUR LE

CATÉCHISME DU GRAND-PÈRE

Y a-t-il scène d'intérieur plus touchante que celle d'un savant illustre, accablé de ses travaux et des affaires publiques, déposant un instant le fardeau de sa vie pour donner à sa petite-fille l'impulsion qui en fera l'épouse modèle et, à son tour, l'éducatrice de ses enfants?

Noble exemple donné aux plus humbles d'entre nous, dont l'impérieux devoir est de surveiller l'éducation de la famille, sans s'en rapporter aux autres du soin de cette tâche sacrée.

Libre-penseur, dans la belle acception du mot, Henri Martin n'admit jamais qu'on imposât ses idées aux autres; il avait trop de respect pour la personnalité humaine; mais nul n'était plus apte que lui à éclairer la raison, à convaincre le cœur, pour s'en remettre à la liberté.

Il ne pesa donc point sur le penchant de sa petite-fille à faire sa première communion. La résolution prise, il s'en rapporta à l'honnêteté, à la largeur de vues du digne curé de sa paroisse.

Néanmoins, parallèlement à l'étude du catéchisme, il crut devoir inculquer à l'enfant les règles de conduite indispensables, quelle que soit la forme de religion qu'elle embrassât.

Sans contredire la tradition chrétienne, qui avait été celle de ses ancêtres, il exposa simplement à son élève les différents génies religieux des peuples. De cette analyse, il en dégage la substance morale commune à toutes les croyances.

Ce sont ces entretiens paternels, retraçant les phases de progrès et de recul jusqu'à l'explosion de la Révolution, qui ont été pieusement conservés dans la famille sous forme de notes et dont quelques extraits suffiront pour faire apprécier leur haute portée.....

§ I

DÈ DIEU

D. Que suis-je ?

R. Une enfant qui doit devenir une grande personne, cherchant le bien et évitant le mal.

D. Où suis-je ?

R. Sur la terre, qui est la demeure des hommes.

D. Qu'est-ce que la terre ?

R. Une partie du monde ou de l'univers.

D. Qu'est-ce que le monde ou l'univers ?

R. La totalité des êtres créés.

D. Que veut dire ce mot : créés ?

R. Que les êtres dont la totalité forme l'univers ne se sont pas faits eux-mêmes et ont été faits par un autre Être.

D. Quel est l'Être qui a fait tous les êtres ?

R. C'est Dieu.

D. Qu'est-ce que Dieu ?

R. Un Être qui n'a été fait par aucun autre être, qui a toujours existé et n'a jamais commencé.

D. Qui l'a obligé de créer les autres êtres, et quel besoin avait-il d'eux ?

R. Rien ne l'a obligé à les créer, car il est tout-puissant et ne fait que ce qu'il veut.

Il n'avait pas besoin d'eux, car il est parfaitement heureux et se suffit à lui-même.

D. Pourquoi Dieu a-t-il créé les autres êtres ?

R. Par pure bonté, et pour les faire participer à son bonheur, pourvu qu'ils sachent travailler à le mériter.

D. Pourquoi ne voyons-nous pas Dieu ?

R. Parce qu'il n'a pas un corps comme le nôtre, que nos yeux puissent voir; mais il est présent partout et voit tout, quoique nous ne le voyions pas.

D. Comment sentons-nous la présence de Dieu ?

R. Nous la sentons dans notre esprit et dans nos cœurs, quand Dieu nous inspire une bonne pensée; car toutes nos bonnes pensées viennent de lui; et quand nous résistons aux bonnes pensées, et que nous en suivons de mauvaises, c'est à Dieu que nous résistons.

D. Dieu, que nous sentons ainsi dans notre esprit et dans notre cœur, ne se fait-il pas encore connaître à nous autrement ?

R. Il se fait connaître à nous par toutes les belles choses qu'il a faites : le Ciel, la Terre, le Soleil et les Étoiles, l'Univers et tous les êtres qui l'habitent.

D. Parmi les ouvrages de Dieu, que savons-nous de la Terre qu'il nous a donnée pour habitation? Tous les êtres y ont-ils été placés dès le commencement?

R. Non. La Terre a été tout en feu, puis toute couverte d'eau, et il n'y avait point alors d'êtres vivants à sa surface; puis la Terre commença à devenir habitable, et il y parut des plantes et des animaux; mais ces premières plantes et ces premiers animaux n'existent plus, et il en est venu d'autres à leur place; puis enfin sont venus l'Homme et la Femme, auxquels Dieu a donné la raison, que n'ont pas les animaux.

Il suit la tradition biblique : Le premier homme et la première femme se séparent de Dieu par l'Orgueil, qui est ce sentiment « par lequel la créature rapporte tout à elle-même, au lieu de tout rapporter à Dieu »; puis la première famille se déchire par la jalousie, autre sentiment par lequel « les créatures, au lieu de s'aider les unes les autres, se prennent en haine et s'entre-nuisent ». Et cette alternance du bien et du mal va se poursuivre à travers les âges.

Viennent les émigrations. Les rameaux de la famille humaine s'élancent des plateaux de l'Asie centrale : les Gaulois en particulier s'aventurent vers l'Occident, tandis que les Hébreux descendent vers les rives orientales de la Méditerranée.

Ces derniers reçoivent des Égyptiens les premiers germes de civilisation. Moïse, leur législateur, proclame le monothéisme.

Le bon « grand-père » retrace ensuite les différences de croyances chez les anciens : Égyptiens, Persans, Chinois, Gaulois, Germains, Grecs et Romains.

En Grèce, Socrate, coupable d'enseigner le pur monothéisme, est condamné à mort.

En Palestine, tour à tour la proie des Babyloniens et des Syriens, et définitivement conquise par Rome, Jésus-Christ apparaît ; — sa mission, — ses préceptes, sa mort.

§ X

PRÉCEPTES DE JÉSUS. — SA MORT

D. Que veut dire cette parole de Jésus : Que votre nom soit sanctifié ?

R. Elle veut dire que Dieu, étant la sainteté même, tous les hommes doivent honorer son nom.

D. Que veut dire ceci : Remettez-nous nos dettes, comme nous les remettons nous-mêmes à ceux qui nous doivent ?

R. Jésus l'a expliqué en disant : Si vous pardonnez aux hommes leurs offenses, votre Père céleste vous pardonnera les vôtres ; mais, si vous ne les pardonnez pas aux hommes, votre Père ne vous pardonnera pas les vôtres.

D. Que veut dire ceci : Ne nous laissez pas succomber à la tentation ?

R. Cela veut dire que, lorsque nous nous sentons disposés à faire quelque chose de mal, nous devons prier Dieu de nous donner la force de résister à cette mauvaise pensée.

D. Cette prière est-elle encore en usage ?

R. Oui. C'est celle que les parents apprennent à leurs enfants, partout où il existe des disciples de Jésus-Christ.

D. Quels furent encore les autres enseignements de Jésus ?

R. Il dit : Ne jugez point, afin que vous ne soyez pas jugés; car vous serez jugés comme vous avez jugé les autres.

D. Que dit encore Jésus ?

R. Faites aux hommes tous ce que vous voulez qu'ils vous fassent, c'est-à-dire : Faites aux autres tout le bien que vous souhaitez pour vous-même.

D. Quel était, suivant Jésus, le grand commandement ?

R. Vous aimerez le Seigneur, votre Dieu, de tout votre cœur, de toute votre âme et de tout votre esprit ; c'est là, disait Jésus, le premier et le plus grand commandement.

D. Que fit encore Jésus ?

R. Il dit encore bien d'autres belles paroles et fit toute sorte de bien aux hommes.

D. Comment fut-il traité par les hommes de son pays ?

R. Il eut des disciples choisis parmi les pauvres gens, qui s'attachèrent fidèlement à lui. Et les petits enfants et le peuple venaient à lui et l'écoutaient ; mais les prêtres et les docteurs des Juifs furent jaloux de lui, ne voulurent point le croire et conspirèrent sa mort.

D. Que dit Jésus à ses disciples, quand il sut que les chefs des Juifs voulaient le faire mourir ?

R. Après le dernier repas qu'il prit avec eux, et qu'on appelle la Cène, il leur dit : Mes enfants, je n'ai plus que peu de temps à être avec vous ; je vous laisse un commandement nouveau : c'est de vous entr'aimer, comme je vous ai aimés; c'est en cela que l'on reconnaîtra que vous êtes mes disciples, si vous avez de l'amour les uns pour les autres.

D. Que dit encore Jésus ?

R. Si vous m'aimez, gardez mon commandement et je prierai mon Père, et il vous donnera un autre consolateur, qui demeurera éternellement avec vous.

D. Qu'entendait-il par ce consolateur ?

R. L'Esprit de vérité, qui est l'esprit de Dieu.

D. Que fit-il ensuite ?

R. Il se retira seul un peu plus loin et se mit en prières.

D. Que dit-il dans sa prière ?

R. Mon père, que ce calice, c'est-à-dire cette coupe, s'il est possible, passe sans que je le boive, mais néanmoins que votre volonté soit faite !

D. Qu'entendait-il par là ?

R. Il priait Dieu, son père, de lui épargner sa Passion; mais il l'acceptait avec toutes souffrances, si c'était la volonté de Dieu.

D. Comment le fit-on mourir ?

R. On le cloua sur une croix, comme on faisait aux criminels, et on éleva la croix sur le mont Calvaire près de Jérusalem.

D. Que dit-il quand il fut sur la croix ?

R. Il dit dans ses grandes souffrances : Mon Père, mon Père, pourquoi m'avez-vous abandonné ?

D. Dieu, son père, l'avait-il abandonné ?

R. Non. La volonté de Dieu s'était accomplie, comme Jésus l'avait acceptée au Jardin des Oliviers. Après avoir souffert la Passion pour le bien des hommes, il est au ciel avec son père, et y appelle auprès de lui les hommes qui aiment, à son exemple, Dieu leur père et les hommes leurs frères, et qui font le bien comme lui.

L'Évangile se propage par les apôtres.

En Gaule, les deux Grecs Pothin et Irénée prêchent la doctrine : sainte Blondine y subit le martyre, et après elle, saint Symphorien.

Avec Constantin, le christianisme triomphant devient religion d'État ; de persécuté, il se fait persécuteur envers les païens et les hérétiques. . . . . .

§ XII

SAINT MARTIN

PERSÉCUTIONS CONTRE LES PAIENS ET LES HÉRÉTIQUES

D. Tous les chrétiens prirent-ils part à ces persécutions ?

R. Non. Il y en eut qui gardèrent fidèlement l'esprit de Jésus et de l'Évangile ; tel fut celui qu'on appelle l'apôtre de la Gaule, saint Martin.

D. Pourquoi l'appelle-t-on ainsi?

R. Parce qu'après le temps de Constantin, quoique le parti chrétien eût gagné la victoire, la plus grande partie du peuple n'était pas encore chrétienne, et ce fut saint Martin qui la convertit à l'Évangile.

D. Quel était-il ?

R. Un ancien soldat qui n'était pas savant mais de grand cœur, de grand zèle et de grande charité ; il devint l'évêque de Tours et comme le grand chef des chrétiens de la Gaule.

D. Comment fit-il voir qu'il était contre les persécutions ?

R. Des évêques espagnols ayant obtenu de l'empereur qu'il fît mourir les Hérétiques, c'est-à-dire des gens qui différaient d'opinion avec la plus grande partie de l'Église sur quelques points de religion, saint Martin rompit la communion avec ces évêques, se sépara d'eux et les repoussa comme n'étant plus de la religion de Jésus, parce qu'ils avaient demandé qu'on versât le sang des hommes.

D. Saint Martin parvint-il à arrêter les progrès de l'esprit de persécution ?

R. Malheureusement non. Après lui, il y en eut de temps en temps chez nous et ailleurs, et elles finirent par devenir de plus en plus terribles quelques siècles après.

La tolérance de saint Martin est continuée au moyen âge par les religieux de l'île de Lérins.

§ XIV

SAINT LOUIS

D. Quel est le prince chrétien du moyen âge qui est resté le plus en renom chez nous, comme représentant ce temps-là ?

R. C'est saint Louis, qui se conforma de son mieux aux enseignements de Jésus, tels qu'il les comprenait, pratiqua la Charité et la Justice, chercha le bien des peuples et patronna l'art chrétien, cette belle architecture dont nous avons parlé.

D. N'y a-t-il rien à lui reprocher ?

R. Malgré toutes ses grandes qualités, il partageait les erreurs de son temps sur les persécutions religieuses, et il croyait aussi qu'il fallait mettre à mort ceux qui ne pensaient pas comme l'Église.

§ XV

JEANNE DARC

D. N'y a-t-il pas eu en France, vers la fin du moyen âge, une personne d'une plus grande renommée encore et qui fit des choses plus extraordinaires que saint Louis ?

R. Oui, ce fut une jeune fille de la campagne appelée Jeanne Darc.

D. Que fit-elle ?

R. Quand la France était envahie et presque conquise par les Anglais, elle quitta son village, disant que : « Dieu lui avait inspiré de sauver la France ». Et elle partit chercher les restes de nos armées vaincues et dispersées ; elle les ramena au combat au nom de Dieu. Et cette jeune fille de dix-huit ans, qui ne savait rien, pas même lire, gagna des batailles et chassa l'ennemi d'une grande partie de la France.

D. Quel était son caractère ?

R. Elle avait autant de bonté et de sainteté que de courage et d'énergie.

D. Comment finit-elle ?

R. Elle fut trahie et livrée à ses ennemis, comme Jésus, par l'ingratitude du roi qu'elle avait mis sur le trône de France. Les Anglais, dans les mains desquels elle était tombée, la firent juger et condamner par un tribunal de docteurs.

D. Sous quel prétexte la condamnèrent-ils?

R. Ils la condamnèrent comme ayant refusé de soumettre à personne, sur la terre, la mission que Dieu lui avait inspirée de sauver son pays.

D. Comment mourut-elle ?

R. Elle mourut sur un bûcher en attestant qu'elle avait dit la vérité et accompli la volonté de Dieu, qui ne voulait pas que la France périt.

D. A-t-elle, en effet, sauvé la France?

R. Oui, car des hommes courageux achevèrent, après elle, l'œuvre de délivrance que la trahison lui avait empêché de finir, mais qui n'aurait pas eu lieu sans elle.

Les guerres de religion déchirent la France et sont le prélude de la Révolution.

§ XVII

LA RÉVOLUTION FRANÇAISE

D. Quelles furent les suites de ces nouveaux malheurs ?

R. Les persécutions religieuses et le despotisme qu'exerça Louis XIV furent enfin cause qu'il s'éleva en France un grand nombre d'ennemis des persécutions et du pouvoir despotique des rois, et qui voulurent : justice pour tous ; liberté pour chacun de faire tout ce qui ne nuit pas aux autres, et l'égalité des droits entre les hommes ; enfin, une bonne éducation à tous pour leur apprendre à ne pas retomber dans les misères et les erreurs passées.

D. Que résulta-t-il de ce grand parti ?

R. Il résulta la Révolution française, qui fut si grande et si terrible.

D. Pourquoi la Révolution, faite au nom de la justice, fut-elle si terrible ?

R. Parce que les puissants d'autrefois, auxquels la Révolution ôtait leurs privilèges et leur domination, résistèrent et appelèrent des étrangers à leur secours, que les hommes de la Révolution furent à leur tour égarés par la passion et par le danger, et oublièrent la ustice et l'humanité, dans leurs luttes avec leurs ennemis, et dans leurs luttes les uns avec les autres.

D. Les principes de la Révolution ont-ils subsisté après ces luttes ?

R. Ils subsistent et continueront à subsister, car la justice, la liberté, l'égalité des droits, la fraternité sont aes principes vrais et conformes à la volonté de Dieu.

D. Quand y aura-t-il un ordre véritable sur la terre?

R. Quand ces principes seront réalisés, ce dont les hommes sont encore bien éloignés.

D. Que faut-il pour qu'ils soient réalisés?

R, Que les hommes retournent à Dieu, qu'ils oublient; qu'ils comprennent que la justice et la vérité ne sont qu'en Dieu et sont Dieu même, et qu'on ne peut les atteindre qu'en aimant Dieu notre Père et qu'en nous aimant tous en lui.

De ces évolutions historiques, auxquelles l'esprit religieux a pris une si large part, l'éminent moraliste conclut nos devoirs :

Devoirs envers Dieu. — Devoirs envers nos parents.

§ XX

DEVOIRS ENVERS NOUS-MÊMES

D. Quel est notre devoir envers nous-mêmes ?

R. De tirer de nous-mêmes le meilleur parti possible?

D. Que faut-il entendre par là ?

R. Que nous devons perfectionner toutes nos facultés, développer et augmenter tout ce qu'il y a de bon en nous et corriger tout ce qu'il y a de mauvais.

D. Pourquoi devons-nous nous perfectionner ?

R. Afin de nous rendre le plus capables que nous le pouvons en nous perfectionnant, et de tenir notre place utilement dans cet ordre du monde, selon la volonté de Dieu.

D. Nos devoirs envers nous-mêmes, comme nos devoirs envers nos parents, se rapportent-ils donc à nos devoirs envers Dieu ?

R. Ils s'y rapportent, en effet ; car tout se tient, et Dieu est le centre, le principe et le but de tout.

D. Que faut-il faire pour tirer le meilleur parti de nos facultés et pour nous perfectionner ?

R. Il faut d'abord nous connaître nous-mêmes et connaître nos facultés.

D. Quelles sont nos principales facultés ?

R. Nous avons une Raison ou plutôt une Intelligence pour comprendre et pour nous conduire ; une Mémoire pour nous souvenir ; une Volonté pour nous décider ; une Conscience pour nous avertir du bien et du mal.

D. Que faut-il faire de notre intelligence ?

R. Il faut appliquer notre intelligence à bien raisonner sur tout ce qui nous arrive, et sur tout ce que nous voyons, afin de nous bien conduire.

D. Que faut-il faire de notre mémoire ?

R. Il faut exercer notre mémoire, en apprenant le plus possible de choses utiles et ceci toute notre vie ; car l'homme est fait pour apprendre toujours.

D. Que faut-il faire de notre volonté ?

R. Il faut l'habituer à ne se décider à agir que d'après ce que nous disent notre conscience, qui est la voix de Dieu en nous, et notre raison qui est la faculté que Dieu nous a donnée pour bien gouverner nos pensées et nos actions.

D. Où faut-il tâcher d'arriver, en employant le mieux possible nos facultés ?

R. A acquérir le plus de science possible et à agir le plus et le mieux possible pour le bien de tous et pour notre propre bien.

D. Comment faut-il nous y prendre pour acquérir le plus de science possible ?

R. En exerçant, comme nous l'avons déjà dit, notre mémoire et notre intelligence.

D. Comment faut-il nous y prendre pour acquérir le plus de bonté possible.

R. En pensant toujours à ce qui peut faire du bien aux autres, leur rendre service, et en le faisant autant qu'il dépend de nous.

D. N'y a-t-il pas encore quelque chose à faire pour devenir le meilleur possible?

R. Il y a à réformer notre caractère, et à faire toujours attention à nous-mêmes pour nous arrêter, quand nous sentons que nous nous mettons en colère, ou que nous nous obstinons, ou que nous allons faire ou dire quelque chose de nuisible aux autres.

D. Nous avons dit qu'il fallait perfectionner les facultés de notre esprit; n'y a-t-il pas encore quelque chose à perfectionner pour nous mettre en état de bien agir ?

R. Il faut aussi perfectionner notre corps, par le moyen duquel notre esprit agit et communique avec les autres créatures de Dieu. Il faut le bien gouverner, l'exercer pour le rendre fort et adroit, apte à servir nos semblables et à défendre la Patrie, ne pas le laisser engourdir par la paresse, ne pas l'alourdir par la gourmandise, le tenir toujours prêt à l'action, pour qu'il soit comme un bon serviteur de notre esprit, et le tenir dans un état de propreté par respect pour notre dignité et pour ne pas exciter la répugnance des autres.

D. Qu'est-ce que cette dignité que nous devons respecter en nous?

R. La dignité d'enfants de Dieu, qu'il a doués de conscience et de raison.

D. Quand est-ce qu'on manque de dignité d'enfants de Dieu et de créatures raisonnables?

R. Lorsqu'on se conduit comme des animaux privés de raison, et qu'on s'abandonne à ses instincts au lieu de les gouverner, c'est-à-dire lorsqu'on se livre sans réflexion, par exemple, à la gourmandise, à la colère, à la paresse, à l'entêtement.

D. Sommes-nous donc pareils aux animaux quand nous agissons ainsi?

R. Nous descendons au-dessous d'eux; car l'animal ne boit et ne mange que quand il a faim et soif, et il arrive trop souvent à l'homme de manger et boire sans besoin et par gourmandise. Et de même, quand un animal est en colère, il ne sait pas qu'il fait du mal; et, nous, nous savons que nous sommes méchants.

D. Dans quel autre cas manquons-nous encore de notre dignité?

R. Quand nous disons ou que nous faisons des choses sales, ou déraisonnables, ou ridicules; quand nous parlons à tort ou à travers et sottement de ce que nous ne savons pas.

D. Est-ce tout?

R. Non. Il y a encore un autre cas, et il n'y en a pas de pire: c'est lorsque nous mentons. Il n'y a rien de plus contraire que le Mensonge à la dignité de l'homme et à la volonté de Dieu; car Dieu a donné la Parole à l'homme pour dire ce qui est Vrai et non ce qui est Faux.

D. Comment peut-on résumer en quelques mots notre devoir envers nous-mêmes?

R. Devenir meilleurs et plus instruits et le plus actifs possible pour le bien.

www.ingramcontent.com/pod-product-compliance
Ingram Content Group UK Ltd.
Pitfield, Milton Keynes, MK11 3LW, UK
UKHW022129190726
13855UKWH00003B/1076

9 782013 075923